Quando crescer, quero ter 60 anos

Wendy Reid Crisp

QUANDO CRESCER, QUERO TER 60 ANOS

Tradução de CÁSSIA ZANON

Texto de acordo com a nova ortografia.
Título original: *When I Grow Up I Want to Be 60*

Tradução: Cássia Zanon
Capa: adaptação do projeto gráfico da edição americana (design de Charles Björklund)
Ilustrações da capa: Eliza DeVille
Ilustrações de miolo: Ben Gibson
Preparação: Elisângela Rosa dos Santos
Revisão: Joseane Rücker

CIP-Brasil. Catalogação-na-Fonte
Sindicato Nacional dos Editores de Livros, RJ.

Q24

Quando crescer, quero ter 60 anos / Wendy Reid Crisp [compilação]; tradução de Cássia Zanon. – Porto Alegre, RS : L&PM, 2009.
144p.; il.

Tradução de: *When I Grow Up I Want to be 60*
ISBN 978-85-254-1972-9

1. Envelhecimento - Máximas, citações, etc. 2. Mulheres de meia-idade - Citações, máximas, etc. I. Crisp, Wendy Reid.

09-4930.   CDD: 305.262
           CDU: 316.346.2-055.2-053.9

© 2005 by Wendy Reid Crisp

Todos os direitos reservados, inclusive o direito de reprodução total ou parcial sob qualquer forma. Esta edição foi publicada mediante acordo com Perigee Books, selo do Penguin Group (USA) Inc.

Todos os direitos desta edição reservados a L&PM Editores.
Rua Comendador Coruja 314, loja 9 – Floresta – 90.220-180
Porto Alegre – RS – Brasil / Fone: 51.3225.5777 – Fax: 51.3221-5380

PEDIDOS & DEPTO. COMERCIAL: vendas@lpm.com.br
FALE CONOSCO: info@lpm.com.br
www.lpm.com.br

Impresso no Brasil
Primavera de 2009

*à memória de
Jennifer Moyer,
que deixou tudo
melhor do que havia encontrado*

Obrigada

Lari Shea, Maureen Crawford, Patty Friedmann, Harriett Foster, Nancy Kaytis-Slocum, Susan Fales, Ruth Anne Stretch, Ginger Lourenzo, Sue Schiller, Elaina Zuker, Catherine Mace, Sue Laris, Willa Briggs, Barbara Carroll, Beverley Eastwood, Darlene Ricotta, Patricia Westfall, Suzannah Mellon, Cheryl Etter, Linda Moreland, Ruth Bass-Green, Ann Barbata, Karen Pingitore, Dee Johnson, Pam Mauney, Jody Fleury, Ann Coopersmith, Talia Carner, Sara Matta, Helaine Schilling, Giuliana Halasz, Jeanne DuPrau, Lynette Matyshock, Sally Dolfini, Eva Eng, Caroline Blattner, Jill Mason, Trudy Banks, Marlene Nunnemaker, e os dois Johns: o editor Duff e o marido Lestina.

Prólogo

Ooopa. Chegamos lá. Aos sessenta. Sessenta. Um quebra-molas, o primeiro que notei. *Não me diga para desacelerar. Se eu mudar o caminho, será por decisão minha.* Sexagenária, mas ainda desaforada. Humm. Que outras palavras nos definem e nos inspiram? Pedi a cada mulher cuja voz está neste livro para pensar numa palavra (ou inventar uma) que descrevesse seus sentimentos ou ambições para esta fase das nossas vidas. As mulheres que responderam são asiático-americanas, do oriente médio, caucasianas, latinas, indígenas e afro-americanas. São de toda parte dos Estados Unidos, assim como da China, da Venezuela, do México, do Canadá, da Escócia, da Indonésia e de Israel. Algumas estão casadas com o mesmo homem há quarenta anos; algumas se casaram várias vezes; algumas são divorciadas, algumas são gays; algumas são solteiras por opção, algumas são viúvas. O grupo inclui mães e avós e (duas) bisavós. Há mulheres que não tiveram filhos, que adotaram filhos, mulheres que perderam filhos. As vozes são de professoras, da pré-escola à universidade; de uma enfermeira neonatal, duas assistentes sociais, uma livreira, quatro escritoras e uma poeta, uma antropóloga, uma banqueira; corretoras de hipotecas, de imóveis e de valores; donas de casa; uma artista, uma ceramista, uma amazona, uma pianista, uma historiadora, uma urbanista; lojistas, empresárias e uma administradora dos correios. O interessante é que mais ou menos metade das mulheres representadas aqui tem ao menos um dos pais vivo – uma estatística singular na história moderna.

Várias das mulheres são sobreviventes do câncer de mama, uma tem câncer nos ossos. Algumas tiveram familiares que lutaram contra o Alzheimer; outras relatam que participam ativamente de programas de recuperação para dependentes de drogas.

Todas que falamos nestas páginas chegamos à maioridade no final da década de 60; protestamos contra a guerra no Vietnã, fizemos passeatas pelos direitos civis, vivemos em comunidades. O movimento feminino nos desafiou, nos ameaçou, nos envolveu e nos inspirou. Algumas de nós subiram no carrossel da carreira vestindo ternos azul-marinhos e laços vermelhos no pescoço e fomos em busca da oportunidade de ouro; outras percorreram o caminho mais tradicional, escapando apenas às vezes para participar de recepções sociais, sessões de sensibilização ou grupos de reflexão.

Anos antes de os nossos segredos se tornarem o tema central dos *talk shows* de televisão, começamos a confiar umas nas outras e a confidenciar. Aprendemos com isso que as nossas diferenças são valiosas, até mesmo respeitáveis. Nós as celebramos quando nos unem e as lamentamos quando nos dividem.

Quaisquer que sejam as nossas diferenças, nós somos uma legião histórica: somos o mais populoso grupo de mulheres a atingir essa idade e, em relação a nossas ancestrais, somos ricas, educadas, saudáveis, independentes e ainda estamos queimando com o calor do fogo que nos forjou. Temos sessenta anos. Somos fortes. Ouçam o nosso rugido.

Quando crescer, quero ter 60 anos

Introdução

Minha mãe dizia "*Nunca* diga 'nunca'", mas eu não me importei e disse mesmo assim, frequentemente várias vezes ao dia, e agora olho para trás e me pego refletindo sobre meus *nuncas*.

Há 10 anos, eu escrevi *100 coisas que eu não vou fazer agora que tenho 50 anos*. O velho alerta iídiche "Se quiser fazer Deus rir, faça planos" vem à mente, assim como "Se você quer ver Deus se contorcer histericamente, publique suas resoluções de Ano Novo". De 37 "coisas", eu fiz um décimo. Por exemplo, num surto de confiança de meio século, escrevi que não iria mais passar sermão nos jovens (ser voluntária na escola fundamental conta?) ou dormir em lençóis amassados (*certo*, estou tirando o ferro de passar roupa industrial de casa enquanto falamos).

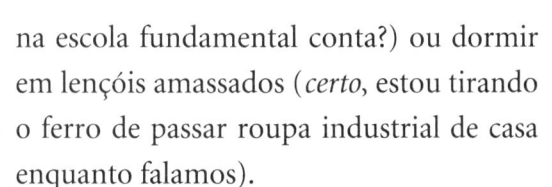

Há 10 anos, previ um futuro sereno e controlável. "O que poderia ser mais caótico do que o passado?", eu disse, provando que a ingenuidade perdura eternamente. E então me casei, me divorciei e voltei a me casar no período de três anos; apresentei dois programas de rádio; escrevi 260 mil palavras em colunas de jornais; editei uma revista; ganhei e perdi dinheiro; virei avó; estudei espanhol, aprendi a jogar bridge, tive aulas de jardinagem e aprendi a fazer documentários; caminhei 24 quilômetros em um único dia para apanhar amoras silvestres; decorei um apartamento em estilo retrô; recebi prêmios de fotografia; preparei mil potes de geleia; dei sermões; ganhei um quadriciclo e me mudei sete vezes em seis anos de e para quatro estados, incluindo uma transferência surpresa para a pradaria de Minnesota.

Ainda recentemente, nos meados dos meus 50 anos, eu ria e dizia "Ainda não sei o que quero ser quando crescer". Bom, estando pronta ou não, eu cresci e sei o que quero ser. É o que sou: grata.

> Wendy Reid Crisp
> Ferndale, Califórnia
> Janeiro de 2006

C om mais de 60, crescidas, e agora somos...

Mutantes.

N o outono passado, liguei para Julie, e seu marido atendeu.

– Ela não está em casa – ele disse. – Está na Amazônia.

Algumas pessoas têm uma opinião tão formada sobre nós que ficam perturbadas com a menor anormalidade em nosso comportamento.

— Quando você aprendeu a fazer arranjos de flores? — minha mãe me perguntou, com ar suspeito, como se o ato de ler sobre *ikebana* e arrumar hortênsias fosse prova de uma vida dupla.

Quando surpreendo o meu marido e o meu pai – que juntos têm cem anos de conhecimento comum a meu respeito –, eles sacodem a cabeça, espantados. A expressão nos rostos deles é impagável. Chocar o resto do mundo é mais fácil, mas não é tão satisfatório.

— Cathi

Com mais de 60, crescidas, e agora somos...

Atiradoras de elite.

— Deixe os meninos vencerem – disse a minha professora da terceira série. – É importante para eles. E não seja exibida. Ninguém vai gostar de você.

Éramos como Forças Especiais de vestidos pregueados, caminhando com leveza, levando nossa inteligência como armas ocultas. No fim, acabávamos desmascaradas – é estressante para uma menina de 10 anos de idade fingir ter esquecido o que é um planeta ou soletrar errado de propósito a palavra *estrangeiro*. Infelizmente, porém, a nossa professora da terceira série estava certa e nunca esteve mais certa do que quando entramos no mundo dos negócios. Integrantes do movimento feminista ou não, mulheres inteligentes – e somos muitas! – deixam as pessoas nervosas. E deveríamos mesmo. A arma não está mais escondida – e, aos 60 anos, atiramos à vontade.

— Você deve estar sempre com uma aparência inteligente – dizia minha tia, mas ela não estava se referindo à capacidade mental, mas sim a vestir um tailleur azul-acinzentado, com chapéu e luvas brancas.

∼

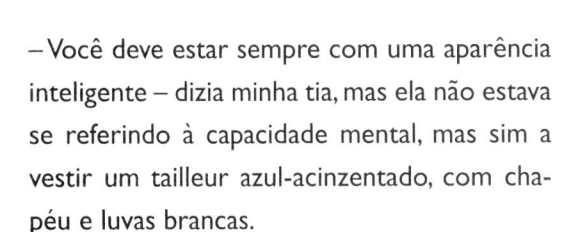

Sou inteligente em relação a tudo o que digo e faço. É uma revelação que, como está escrito nos Provérbios, traz "doçura para a alma e saúde para o corpo". Vivi o bastante para experimentar as vicissitudes da vida. Sobrevivi a uma mastectomia e à reconstrução dos seios, a um bom e a um mau casamento, a bons e maus amigos. Agora posso confiar em meus instintos e na voz interior que diz que posso ser eu mesma, viver ao máximo, como o meu coração desejar.

– Ruth

Com mais de 60, crescidas, e agora estamos...

Recomeçando.

Meu primeiro carro foi um Ford 1951. À noite, eu o estacionava numa ladeira. Para fazer o motor pegar, eu precisava engatar a segunda marcha, apertar a embreagem, soltar o freio de mão, deixar o carro descer a ladeira e soltar a embreagem. É isso. Talvez se eu terminar todos os dias em cima de um morro, eu consiga sair da cama de manhã, soltar os freios do medo e da confusão e fazer o velho motor encontrar a alegria no tranco.

Qual seria a média de quilometragem em anos humanos? Mais ou menos 6,5 mil quilômetros por ano? Se for, eu estou com 393 mil quilômetros. Eu faço o rodízio dos pneus, faço regulagens periódicas e, às vezes, troco o para-brisa. Estou torcendo para a bateria durar.

∽

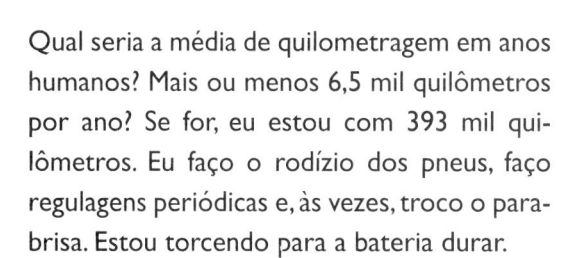

Sessenta? Nem pensar. Estou retrocedendo o meu odômetro.

– Alice

Com mais de 60, crescidas, e agora somos...

Irmãs.

Ignoramos os estereótipos datados, aqueles que nos dividem entre as mulheres que foram a Woodstock e as que não foram, as que viajaram pela Índia de mochila nas costas e as que passaram o dia acampando no Parque Swope em Kansas City. Os anos produziram uma mágica estranha: a hippie é corretora de ações, a presidente da Associação de Pais e Mestres se recolheu no Uzbequistão, a vice-presidente corporativa fica em casa cuidando dos netos.

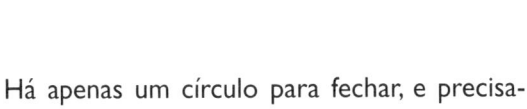

Há apenas um círculo para fechar, e precisamos fechá-lo, não importando em que ponto da circunferência tenhamos começado.

∽

Na irmandade, há celebração. Celebramos nossas vidas, nós mesmas, umas as outras – às vezes com gargalhadas, às vezes com os olhos cheios de lágrimas. Sempre com fraternidade verdadeira.

– Ann

Com mais de 60, crescidas, e agora somos...

Subversivas.

Argumentar, ceder, consultar os regulamentos, esperar por um sinal verde do escritório nacional – que jeito civilizado e encantador de desperdiçar nosso tempo. Enquanto isso, por favor, encaminhem todos os atos desesperados de compaixão ao setor adequado. Retornaremos o contato.

Fazer a coisa certa é quase sempre um ato revolucionário.

∼

O que fazer? Alguma coisa, qualquer coisa. Uma voz, uma vela, um pequeno passo. E ninguém pode me dizer o que fazer. Eu sei o que fazer. Eu nem sempre faço, mas sei o que fazer.

– Connie

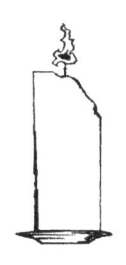

Com mais de 60, crescidas, e agora somos...

Qualificadas.

Nós planejamos campanhas publicitárias, cuidamos da casa, planejamos eventos beneficentes para museus, costuramos fantasias de Halloween, catalogamos espécies de plantas – e fizemos tudo isso sem parar, até acharmos que estávamos perdendo a cabeça, e então emergimos da crisálida da educação prática e descobrimos que éramos especialistas. Sabemos fazer uma Caesar Salad – corretamente, do zero – ao mesmo tempo em que planejamos uma campanha política. Conseguimos comandar um coral que canta de um jeito tão lindo que nós mesmas ficamos sem fôlego. Sabemos arrumar velas de barcos, fiar lã e vacinar novilhos. Ainda assim, temos tempo para novas seduções: gozar, aprender a falar urdu, dominar o nado borboleta, pesquisar botânica na Antártica, desenhar um vestido de casamento.

Temos habilidades de sobrevivência. Somos os elos fortes na corrente da comunidade. No espelho, está o rosto de nossa mãe; no coração, a coragem de nossa bisavó.

Apesar de todas as habilidades que adquiri, ainda há muitas outras que quero dominar. Três exemplos: eu gostaria de ser especialista no meu computador e em todas as coisas relacionadas à internet. Quero aprender os nomes das maravilhas suculentas que tenho na varanda. Quero aprender – e conseguir fazer – os ássanas de ioga.

– *Michaela*

Com mais de 60, crescidas, e agora somos...

Sexy.

Uma perna longilínea balança uma sandália de tiras, exibindo unhas dos pés perfeitamente pintadas de cor-de-rosa intenso.
– Nossa! – eu disse. – Que linda! E as suas unhas combinam com o poncho.
– Sim – ela disse. – E embaixo do poncho eu não tenho seios. Meus pés são os novos "Por que você não aparece para me ver uma hora dessas?"

A juventude não é desperdiçada com os jovens. Mas o sexo é.

~

Meu último checkup de câncer acabou bem. Ufa. O único problema agora é a densidade dos ossos. Eu tive de reduzir todo o estrogênio, o que, junto com a idade, cobrou o preço da minha coluna. Com os remédios, preciso começar um programa de exercícios, o que não faz o meu gênero; ir à academia, argh. É claro que eu não fumo, não bebo álcool e evito frituras – o que imaginava ser santificado o bastante. O que isso deixa de diversão? Veja acima.

– Maureen

Com mais de 60, crescidas, e agora somos...

Escandalosas.

Não há dados quanto a ser uma boa menina de 60 anos de idade. Se você ainda está tentando agradar os seus pais – por amor ou pela herança –, Deus a abençoe, mas o resto de nós estamos abandonando as vendas beneficentes de biscoitos e passando o dia no spa para tomar banho de sais.

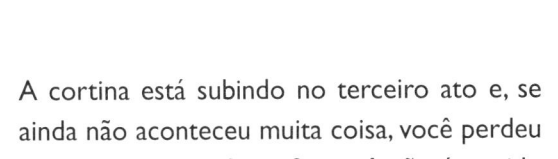

A cortina está subindo no terceiro ato e, se ainda não aconteceu muita coisa, você perdeu a plateia. Siga a música. Se você não é ouvida, cante. Se você está imóvel, mexa-se.

∼

Eu optei por uma vida saborosa: com dança apimentada – salsa, flamenco, tango; romance apimentado nadando sem roupa em lagoas latinas; um vestido apimentado e uma bebida quente e forte com rum no topo de uma montanha no Brasil numa noite estrelada... e amor, amor, amor.

– *Dee*

Com mais de 60, crescidas, e agora estamos...

Nos rendendo.

O poder é uma luta sangrenta de dois lados. Vá para a vitória na guilhotina ou se afaste.

– Você simplesmente pediu para sair? – me perguntaram quando deixei um emprego que havia se tornado desagradavelmente político.

– Não – respondi. – Eu não "simplesmente" pedi para sair. Eu *saí*. Sair é uma alternativa honrosa.

∿

Eu me tornei estratégica. Escolho as minhas batalhas com cuidado. Como eu raramente entro numa briga, quando entro, cuidado.
— Vivian

Com mais de 60, crescidas, e agora estamos...

Socializando no interior.

Quem poderia prever que a aposentadoria nos levaria, sem noção alguma, a um mundo sem bufês contratados constantemente precisando de salada de macarrão para duzentas pessoas?

As Regras das Refeições Comunitárias

1. "Traga um prato para compartilhar" quer dizer levar doze porções.

2. Compre talheres, descansos para travessas e apoios de metal nas lojas de 1,99 e espere perdê-los.

3. Não sirva o frango numa peça de porcelana de família e depois fique pairando sobre a bandeja num furor nervoso.

4. Prepare comida facilmente reconhecível. Ninguém quer ficar pensando se está comendo frango ou cascavel.

5. Não faça comentários. Quem levou o prato de feijão com cobertura de marshmallow está parado bem atrás de você.

6. Se você é competitiva, tenha sempre em mente que a comida italiana sai antes.

A menos que lhe seja graciosamente oferecido, não volte para casa com as sobras de qualquer outra pessoa. Ah! Dá para dizer que esta é a minha filosofia de vida.

– Frances

Com mais de 60, crescidas, e agora estamos...

Tropeçando.

Da noite para o dia, uma alienígena unidade de comando silenciosa e destrutiva construiu calçadas desiguais e degraus baixos. Do nada, sou atacada por maçanetas e mesas de canto, uma pedra, uma colher de medida e um armário de cozinha rebaixado.

Eu costumava ter medo de morrer num acidente de avião ou vítima de um crime digno de um jornal sensacionalista. Agora visualizo outro cenário: vou prender uma manga mais larga na maçaneta de uma porta francesa, tropeçar num tapete artesanal e ser atirada contra os ferros da lareira.

As pessoas vão perguntar "Como ela morreu?", e os meus amigos vão responder "De blusa larga".

~

Não se preocupe, talvez não aconteça nunca.
– Caneca de café da Gail

Com mais de 60, crescidas, e agora somos...

Borboletas sociais.

A televisão destruiu as visitas. As pessoas costumavam aparecer depois do jantar, e os adultos comentavam as novidades e jogavam pife-pafe, tranca, canastra ou gamão, enquanto as crianças brincavam no quarto, na rua ou no celeiro. Quando esses adultos se mudavam para parques de trailers, condomínios de aposentados e casas de repouso, faziam novas amizades porque sabiam como jogar esses jogos. Qual será a nossa habilidade social residual? Saber toda a letra de "Blowin' in the wind"?

O antidepressivo mais poderoso pode ser simplesmente o barato de largar a dama de espadas na mesa de alguém.

~

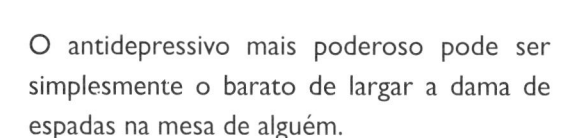

A minha mãe está com 99 anos e mora perto de mim numa clínica de repouso. Ela é saudável e tem senso de humor – a maior parte do qual dedica à consciência de que sua memória não funciona. Quer dizer, não funciona para nada além de dominó. Eu nunca consigo ganhar dela no dominó.

– Bev

C*om mais de 60, crescidas, e agora somos...*

Velozes.

A liberdade absoluta era o tema das nossas fantasias de infância – a menina selvagem na floresta, a artista escondida no porão, a menina que conversava com os animais.

– Ela corre como o vento.

Enroscada em poltronas fofas, aninhadas com lanternas embaixo das cobertas, líamos sobre suas visões, suas aventuras. Prometíamos que seríamos assim também, que voaríamos pela noite.

A voz da menina segue forte dentro de mim. Parece que ela sempre esteve lá, esperando pelo ruidoso clamor do crescimento.

∼

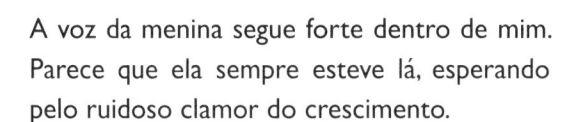

No dia do meu aniversário de 60 anos, participei de uma corrida de resistência a cavalo de oitenta quilômetros através de uma floresta virgem de sequoias. No aniversário de 50 anos, eu venci a corrida. Dessa vez, cavalgando um animal menos experiente, não fui em busca da vitória. Meus objetivos eram percorrer toda a trilha e completar o percurso com o cavalo em boas condições. Em vez disso, eu venci! Meus dois filhos me acompanharam, assim como nos melhores anos de sua infância, quando as árvores vibravam com gritos de "Espere pela mamãe!" enquanto eu seguia atrás deles pelas trilhas.

– Lari

Com mais de 60, crescidas, e agora somos...

Simples.

Em *I Hate to Housekeep* [Odeio cuidar da casa], a escritora Peg Bracken aconselhou jovens donas de casa a começarem cada dia limpando um ambiente diferente. De outro modo, alertava, iríamos exaurir continuamente o mesmo lugar, até que um dia teríamos de cortar o quarto dos fundos fora. Limpar a casa, simplificar a vida – a mesma coisa. Enfrentemos um problema diferente a cada dia. Na altura em que completamos um ciclo de preocupações, metade deles não existe mais, e um bom número terá sido resolvido por outra pessoa.

Sempre que ouvir a si mesma dizendo "não é tão simples assim", lembre-se: é sim.

∼

Eu quero ser simples – não a simples tola do tipo não-lembro-onde-deixei-as-chaves na sua camiseta –, mas a simples que é descomplicada, destemida, desanuviada e transparente: emocional, espiritual e musicalmente. Eu quero ser feliz, alegre, cercada por pessoas de verdade e animais bobos. Acabei por vencer as complicadas questões "intelectuais" que construíram furtivamente um muro ao meu redor durante tantos anos. Eu aceitei a mudança.

– Sue S.

Com mais de 60, crescidas, e agora somos...

Sócias de salmão.

Um verão tranquilo de mochilas nas costas e pescaria no Oregon chegou a um abrupto fim quando minha companhia romântica pescou um salmão Chinook de vinte quilos e me deu metade para guardar no meu freezer. Eu ofereci um belo jantar. Ele me deu o fora.

– Você é muito esquisita – ele disse. – Que tipo de mulher dá de graça o peixe de um homem?

Ter 60 anos significa nunca ter de se desculpar por nossas idiossincrasias. É a versão contemporânea de *Eu estou bem, você está bem*. Se chama "Eu sou louca, você é louco, e daí?"

∼

Esquisita é a mulher do outro.
— Sugestão de epitáfio

Com mais de 60, crescidas, e agora estamos...

Doentes.

Por que o meu cachorro tem um seguro-saúde melhor do que o meu?

Nós adotamos Frank do canil público. O seguro-saúde dele de US$ 9 mensais cobre remédios, raios X, cirurgias, hospitalização, ultrassons, tomografia computadorizada, tratamentos homeopáticos, incluindo acupuntura e quiropraxia, quimioterapia e encaminhamentos a especialistas. Frank pode escolher o veterinário de sua preferência. Evidentemente, está na hora de me cadastrar na seguradora como, digamos, Princesa Fifi e ir ao veterinário quando não estiver bem. Perguntei ao nosso veterinário local:

— Essa ideia tem algum inconveniente?

— Se você tivesse de ficar internada depois de uma cirurgia, talvez achasse as acomodações um pouco frugais demais – disse o Dr. Silver. – Ganharia um colchonete e um cobertor, mas ficaria deitada no cimento, sem TV ou cama regulável. Mas ficaria num quarto privativo... nós só temos quartos privativos. Não acho que a comida seja muito diferente da comida de hospital. Miau.

Eu quero ser meio schnauzer, como a Sadie, bater as patinhas no asfalto, latir à vontade... e então seguir em frente, sem culpa.
– Cheryl

Com mais de 60, crescidas, e agora estamos...

Atoladas.

Eu tinha uma lista. Era composta de sonhos e planos sem fim – projetos pessoais e criativos que realizaria quando não tivesse mais empregos que me ocupassem das oito às sete. Ninguém havia me avisado sobre o beco cósmico. *Já existia uma conta de voluntariado a pagar com o meu nome.*

O fato de que nós, formigas que nunca nos demos o trabalho de deixar qualquer coisa de lado, teremos de trabalhar até o cair das últimas sombras da noite não impede que o resto do mundo exija que encaremos deveres da comunidade. ("Ei, nós seguramos as pontas enquanto você cuidava da carreira; agora, vamos pescar. Consiga *você* o dinheiro para o teatro e leve a sra. Putney ao oculista. Considere isso uma retribuição pelos cinco milhões de quilômetros de caronas que você deixou de dar para as crianças porque trabalhava na cidade.")

~

Tenho esperança de que na aposentadoria terei tanta liberdade quanto tive nos meus primeiros 20 anos. Meu trabalho acabou. Não há mais pressão para apoiar a ambição do meu marido e os sonhos dos meus filhos. Meus pais já morreram. Não será este o tempo no qual eu finalmente vou conseguir ir atrás das minhas próprias ambições, dos meus próprios sonhos e das minhas próprias necessidades?

– Jody

Com mais de 60, crescidas, e agora estamos...

Entulhadas.

Como – *por que* – consegui juntar cinco gerações de fotografias e cartas, pilhas de livros, CDs, vídeos, gavetas entupidas de roupas de valor sentimental ("Não jogue fora as minhas camisetas de futebol!") e um sótão abarrotado de móveis, jogos e ferramentas?

Não sou a curadora do Museu de Mim. Sou uma pioneira, avançando na fronteira dos Novos Sessenta. É melhor levar pouca bagagem.

∞

Vou mandar todas as relíquias da família para alguém que goste de tirar o pó.
– Harriett

Com mais de 60, crescidas, e agora somos...

Sensuais.

Participamos de congressos e ouvimos palestrantes motivacionais dizendo para acreditarmos em nós mesmas, agradarmos a nós mesmas e irmos em busca do ouro. O problema é que a realidade exige que elejamos prioridades: quando estamos em busca do ouro – ou mesmo da prata – ao mesmo tempo em que tentamos acreditar em nós mesmas quando ninguém mais parece acreditar, a parte do agrado nem sempre funciona.

Nossos corpos são orquestras cujos integrantes vêm tocando juntos há mais de 60 anos. Mesmo com a perda de um fagote ou de um ou dois trompetes, a nossa música é reconfortante e tocante. A sensualidade é o aquecimento.

Minha tia está com 87 anos. Depois de sua aposentadoria oficial, achou muito chato "passar o tempo com as meninas, almoçando e jogando cartas". Então, se apresentou como voluntária no escritório de turismo do Centro Judaico de Atividades da Terceira Idade. No verão passado, durante um almoço no seu apartamento num dia muito quente, dei a ela três velas flutuantes com aroma de lavanda e formato de rosas. Contei como usava as velas nos meus banhos de banheira. Na manhã seguinte, ela me ligou: "Ontem à noite, preparei um banho de espuma, apaguei as luzes, acendi as velas e liguei uma música. Devo ter ficado na água durante meia hora... como se estivesse em transe. Daí, ainda com as luzes apagadas, as velas queimando e a música tocando, saí do banho e dancei, nua, na minha sala! Não acredito que eu nunca tinha feito isso por mim antes."

– Elaina

Com mais de 60, crescidas, e agora somos...

Escorregadias.

Agora você a vê, agora não. As heroínas da literatura romântica aparecem e desaparecem misteriosamente. A rainha se disfarça de confeiteira. A mulher descalça na praia é vista nos fundos da catedral. Podemos ir a qualquer lugar, fazer qualquer coisa, ser qualquer uma – durante uma ou duas horas, se quisermos. Dar uma parada no bingo no caminho para casa depois de trabalhar como voluntária no sopão dos pobres? Se fizermos isso, não será da conta de ninguém.

Arranque as etiquetas do forro da sua alma. Agora você a conhece, agora não.

∼

Parece que durante toda a minha vida os outros definiram quem eu sou. "Você é muito confiável." "Você é sempre pontual." "Você é conservadora." "Você é liberal." "Você é muito trabalhadora." "Você é preguiçosa." Bom, de agora em diante, com aquela sensação deliciosa e escorregadia de pernas recém-depiladas, estou escorregando para longe dos rótulos.

– Catherine

C*om mais de 60, crescidas, e agora somos...*

Tristes.

Não sinto culpa por sofrer a perda do meu cachorro. Sim, existem catástrofes importantes, tragédias humanas que põem em dúvida as prioridades de chorar a morte de um velho animal de estimação. Ainda assim, Viola foi atenciosa, paciente, generosa e leal – qualidades que merecem atenção respeitosa onde quer que as encontremos.

Eu sei... a perda é a consequência inevitável de viver muito e amar bastante. No entanto, não poderia ser adiada? Hoje não. Por favor, hoje não.

Eu amo tanta gente, tantos animais, tantas plantas até. Eu me tornei uma máquina de chorar ambulante.

– Jeanette

Com mais de 60, crescidas, e agora somos...

Puro sentimento.

Eu aspiro à consistência ética: ser coerente, fazer por merecer, ser uma mulher de virtude inabalável. Em vez disso, esbravejo contra a exploração de crianças nas fábricas de mão de obra escrava de nações em desenvolvimento ao mesmo tempo em que faço um estoque de sutiãs de cinco dólares feitos na Birmânia.

Aquilo em que acreditamos e o que fazemos em relação ao que acreditamos é tudo o que temos a oferecer e tudo o que se espera que demos.

∽

Eu quero ser a Mamãe Noel.
Venham, sentem-se no meu colo todas as doces, pequenas, famintas e tristonhas crianças.
Penso em todas, meu coração é grande o bastante para vocês. E tenho tempo livre.
Não vamos precisar conferir uma lista nem olhar para uma câmera.
Seus pais ansiosos não terão de lembrá-las do que vocês querem.
Meus duendes têm estado ocupados. O trenó está cheio de comida, água, roupa e remédios.
Talvez eu leve mais de uma noite para chegar até vocês, mas vou chegar.
Sou a Mamãe Noel.

– Ruth S.

C*om mais de 60, crescidas, e agora somos...*

Vodrastas.

E se, por qualquer motivo, realmente *usarmos* este título, que as nossas vozes cacarejem e os nossos narizes fiquem compridos e enverrugados.

– Aqui, minha querida, dê uma mordida nesta linda maçã.

Netos enteados? Por favor.

    A dedicada cuidadora de um tio idoso era a filha da antiga empregada doméstica do filho dele. Como um riacho numa montanha, o curso natural do amor flui sem obstáculos.

Quem vai tomar conta de mim quando eu estiver bem velha? Olho ao redor para os candidatos potenciais e começo a compreender "colhemos o que plantamos". Nossa!

– Liz

Com mais de 60, crescidas, e agora estamos...

Serenas.

Por que tantas mulheres mais velhas são tão bravas? De onde vêm as viciadas em raiva, chapadas por essa fonte barata, contagiante e viciante de adrenalina? Poupem-me das traficantes de ódio e da minha própria fraqueza que me tenta a ameaçar a melancolia com um golpe certeiro de raiva.

Os males deste mundo – independentemente do ciclone de fúria gerado – não estão centrados naquela que submergiu a cafeteira de oitenta xícaras na pia. Os males deste mundo são a guerra, a fome, a peste e a praga – os mesmos quatros velhos cavaleiros e aqueles que os acompanham.

A serenidade é um efeito colateral da sabedoria.
– Diana

Com mais de 60, crescidas, e agora estamos...

Mergulhando em Sulawesi.

No mural ao lado da minha mesa, está uma foto em tom sépia de quatro senhoras e um rapaz. As mulheres estão vestidas de preto. O rapaz, usando calças e camisa branca folgada, segura as rédeas de um dos camelos nos quais as mulheres estão montadas. Ao fundo, há uma pirâmide. Não lembro de como o retrato veio parar nas minhas mãos. O que sei é que aquelas mulheres de antes da Primeira Guerra Mundial são as minhas heroínas. Elas não apenas viajaram para longe de casa sem acompanhantes, como também montaram em camelos no deserto usando chapéus enormes e cheios de penas e dez quilos de vestidos espalhafatosos.

Atrás da fotografia, um bilhete, escrito em elegante caligrafia Palmer, diz: AQUI ESTAMOS NO EGITO. MAIS UMA AVENTURA. DA PRÓXIMA VEZ, ESPERAMOS QUE ESTEJA CONOSCO. COM CARINHO, MARGARET. Pode contar comigo, Margaret. Neste mundo ou no próximo.

~

Voltei recentemente de Papua Nova Guiné e da ilha montanhosa de Sulawesi, na Indonésia. A idade nunca me impedirá de mergulhar em remotas águas oceânicas. É uma experiência única de liberdade, beleza e aventura.

– Ann C.

Com mais de 60, crescidas, e agora somos...

Profetas.

Como deduzi, quando ele comprou a camisa amarela, que ele estava tendo um caso? Como posso ter sabido, só de conversar com a decoradora dos escritórios, que a empresa estava prestes a falir? Que tipo de visão me fez acreditar que os vizinhos fossem traficantes de drogas? Somos profetas. Oráculos. Se, aos 60, já cometemos erros suficientes, a intuição divina é distribuída de graça.

O tempo nos fez a todas de bobas.

Minha filha diz que sou vidente. Eu vejo mesmo. Eu a vejo cometendo os mesmos erros que cometi.

– Sharon

C*om mais de 60, crescidas, e agora somos...*

Espetaculares.

O ego é bom. Nossos demônios espreitam as nossas inseguranças.

É verdade que podemos fazer muitas coisas. Mas há coisas que nunca faremos. Não teremos dinheiro nem oportunidade, não teremos talento ou dedicação suficientes. Se insistirmos em fazer uma "lista do que falta", descobriremos que ela é infinita. *Shhh.* Não desperte os espíritos da inveja.

Não faço listas. É difícil demais digitar com um gato enorme sentado no colo. Qual era a pergunta?

— *Trudy*

Com mais de 60, crescidas, e agora estamos...

Satisfeitas.

Eu disse "fiz o melhor que pude". E, no momento em que disse isso, sabia que não era verdade. Tenho certeza de que meu grande boletim no céu tem a anotação NÃO CORRESPONDE AO POTENCIAL. Mas eu fiz o melhor que pude tentando fazer o melhor que podia. Isso conta?

Todos os caminhos enobrecem, todos os caminhos humilham – e, em 80 anos, todos os caminhos convergem. Um dia, erguemos os olhos da estrada menos percorrida e nos flagramos num trânsito congestionado.

∼

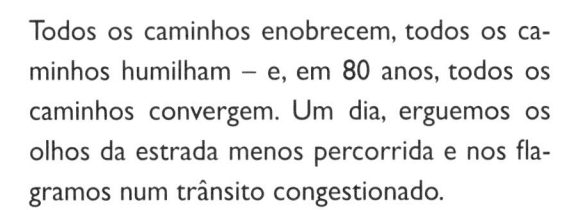

Quando fiz 60 anos, me senti velha, como se a minha vida tivesse praticamente acabado. Avaliei todas as escolhas que havia feito ao longo do caminho e me perguntei se poderia ter feito algo mais importante. Aos poucos, compreendi que o que eu havia escolhido – criar, com o meu marido, quatro filhos honestos, bons e trabalhadores – havia sido muito importante. Era exatamente o que eu deveria ter feito. Não tenho uma aposentadoria, mas tenho uma casa, uma família, amigos, saúde, um mundo cheio de interesses e netos encantadores. Estou satisfeita com a minha vida e a minha idade e agradeço a Deus por isso.

– Ginger

Com mais de 60, crescidas, e agora estamos...

Aplicando Feng Shui e o contrário.

Médicos e terapeutas deviam ser obrigados a aprender os princípios do design de interiores. Antes de tomar um comprimido, passar seis meses na academia ou pedir demissão e ir para um mosteiro... mude os móveis de lugar e troque a cor das paredes. Paz de espírito? Você não faz ideia.

Aliás, a mensagem dos profetas do Apocalipse podia ser: "O fim do mundo está próximo. *Pintem as paredes.*"

∼

Há apenas uma regra para a decoração: para onde quer que a gente olhe, deve ter algo que nos faça felizes.

– Hazel

Com mais de 60, crescidas, e agora somos...

Fortes.

Aos 20, exigimos independência física. Aos 30, buscamos independência emocional. Aos 40, brigamos por independência financeira. Aos 50, declaramos independência social e criativa. Aos 60, quer tenhamos declarado alguma coisa ou não, nós *somos* independentes. É um dom: confrontamos e abraçamos nossa necessidade de amor, apoio, respeito e aceitação ao mesmo tempo em que amamos, apoiamos, respeitamos, aceitamos – e perdoamos – os outros. Aí reside o paradoxo. A fonte da nossa força é a nossa fraqueza.

Eu costumava ficar magoada com o que as pessoas diziam de mim: "Ela é um trator, uma repressora, uma fera". Agora ouço: "Ela é uma rocha, capaz de comprar uma briga por você, não tem medo de ninguém". Pelo jeito, quanto mais você se parece com um trator, menos ameaçadora é.

～

Detesto quando as pessoas dizem que sou forte. "Ah, ela é tão forte." Sinto como se estivessem negando a minha jornada, a vida inteira de trabalho que foi necessária para que eu descobrisse o que alimenta a minha alma – recursos que incluem a minha fé e pessoas da minha família e do meu grupo de amigos que me ajudaram a atravessar os tempos difíceis. Se fiquei forte, foi porque estou sempre buscando a força. Não me chame de forte... me chame de resiliente.

– Linda R.

Com mais de 60, crescidas, e agora estamos...

Em sabático.

A ciência biológica nos diz que, num período de sete anos, todas as células do nosso corpo são substituídas. Se misturarmos a matemática com a maturação – e por que não? – podemos rastrear os estágios da nossa vida: de 0 a 6, de 7 a 13, de 14 a 20, de 21 a 27, etc. Os 60 ficam no meio do nosso nono ciclo de vida, um ciclo que começou aos 56 e terminará aos 62. Para mulheres como eu, que organizam tudo por categorias, esse conceito é tranquilizador. A cada sete anos, amarramos algumas pontas soltas, tiramos um ano de folga e ressurgimos numa nova personalidade.

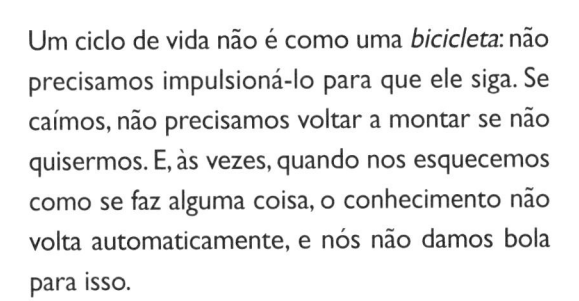

Um ciclo de vida não é como uma *bicicleta*: não precisamos impulsioná-lo para que ele siga. Se caímos, não precisamos voltar a montar se não quisermos. E, às vezes, quando nos esquecemos como se faz alguma coisa, o conhecimento não volta automaticamente, e nós não damos bola para isso.

Vou ser um eixo – e não uma engrenagem. No verão passado, no Canadá, tivemos nossas primeiras férias com o ninho vazio. Eu havia temido profundamente o fim do caos. Descobri que adorava o silêncio. Não fazia ideia do quanto eu havia sido a administradora de tudo: a que planejava as refeições para 25 pessoas – e as preparava –, a que planejava os passeios, fazia as reservas. Em vez disso, no verão passado, eu li e dormi. Saí para caminhar sem perguntar se mais alguém queria ir. Comprei um salame no hipermercado, e foi a única proteína que comemos em sete refeições. Fui liberada pela carne embutida.

– Sally

Com mais de 60, crescidas, e agora estamos...

Surpresas.

Quem teria previsto que homens de 20 anos, obcecados por (em segundo, terceiro e quarto lugares) software, música e filosofia seriam os amigos mais interessantes.

– Todo mundo aqui provavelmente acha que você é minha mãe – disse meu brilhante e novo melhor amigo de barba irregular.

– Não, Don – respondi. – Acho que não. Sou velha demais para ser sua mãe.

A surpresa constante é descobrir que acontecimentos que pareciam ter ocorrido há apenas cinco anos, ocorreram na verdade, em 1981.

∼

Quero ser completamente surpreendida. Quero aquele barato... de quando um dos meus romances aparecer na lista dos mais vendidos do New York Times *ou quando eu for convidada para a cerimônia do Oscar, onde irei percorrer o tapete vermelho feito uma estrela. Minha vida será uma festa de surpresas... e eu serei a anfitriã.*

– Talia

Com mais de 60, crescidas, e agora estamos...

Sem fala.

Indignada com um perceptível menosprezo pela minha autoridade, perguntei para a minha mãe de 91 anos:

– Quantos anos você tinha quando as pessoas começaram a levar você a sério? – gritei.

Ela olhou para mim – desnorteada – e disse:

– Sobre o quê?

Por mais de uma vez, alguém acabou com a minha autoconfiança dizendo algo tão maluco que me fez cair na real. É isso que significa "sensatez"? Sobreviver ao absurdo? Se é, siga em frente. Sinto falta da comediante Gracie Allen.

∼

– Não importa o que façam, não organizem uma festa surpresa para mim – eu disse. Não organizaram mesmo. Que péssima hora para começar a me levar a sério.

– Leanne

Com mais de 60, crescidas, e agora somos...

Espontâneas.

Estava dando aulas de inglês a um jovem quando ele escreveu em seu caderno: "Meu casamento será em dezembro. Quero que você vá." Escrevi "Está bem". Não pensei se teria dinheiro suficiente ou dias livres. Não me preocupei se o meu marido concordaria em ir. Não perguntei onde iríamos ficar. Não choraminguei *É Natal, precisamos estar aqui para a celebração na igreja, na família.* Em vez disso, entrei na internet e comprei duas passagens para uma viagem de um mês a Oaxaca.

– Que férias bem longas – disse o meu marido, ansioso.

– Não considere esses dias uma viagem longa – eu disse. – Considere-os uma aposentadoria muito curta.

Refletir é necessário, mas fazemos esforço demais considerando alternativas, avaliando orçamentos e coordenando agendas. Na verdade, não somos tão importantes assim no Grande Plano Galáctico. ("Desculpe não ter ligado de volta mais cedo, mas passamos um mês no México." "Nossa, já faz um mês?")

A espontaneidade é a fonte da juventude. Eu não faço planos a longo prazo nem me preocupo com o que ainda vai acontecer. É um desperdício de energia e causa rugas prematuras.

– Karen

Com mais de 60, crescidas, e agora estamos...

Chapadas.

Encontrei uma conhecida na farmácia. Ela disse:

– Estou comprando drogas. Estamos nos chapando. Ficando doidonas. Estamos afundando, de fato – afundando nas dívidas, afundando na surdez, afundando com o peso dos anos, com os fatos da vida... só de pensar nisso, fico com larica.

Numa loja de artesanato importado em Portland, comprei um vestido longo de algodão estampado de tartarugas. Num dia muito quente, preferi o vestido aos shorts (que, para mim, já haviam sido considerados um crime).

– Opa, isso aí não é um vestido de vovó? – disse meu primo.

– Sim, Tad. Tudo o que eu visto é roupa de vovó. E, por falar no Cooper, ele está com quatro dentes agora. Aqui, estou com novas fotos.

Parte de mim ainda não confia em ninguém com mais de 30 anos. Principalmente agora, quando meus filhos estão com esta idade.

– Leslie

Com mais de 60, crescidas, e agora somos...

As mesmas de sempre.

Meu tio era editor e fotógrafo de um jornal semanal do interior. O foco da maior parte das fotografias dele – mesmo que o tema retratado fosse uma festa da cidade ou as boas-vindas ao governador – era eu. Centenas de fotos documentaram cada nuance da minha personalidade. Quem eu sou agora – está tudo lá, até a cínica irritadiça. Está vendo? A segunda a partir da direita no vestido de baile jeffersoniano? A careta no rostinho embaixo da peruca empoada?

Sabemos que temos uma criança interior. O que podemos ter esquecido é que, quando éramos crianças, tivemos um adulto interior.

∽

Até morrer aos 83 anos de idade, meu pai costumava dizer que, por dentro, ainda achava que tinha 18. Os budistas dizem que o corpo não passa de um veículo que nos permite reentrar neste mundo para realizar o que quer que tenhamos vindo realizar aqui. Parte do motivo pelo qual envelhecer é tão chocante é o fato de estar tão fora de sincronia com os nossos eus interiores jovens e vibrantes.

– Jill

Com mais de 60, crescidas, e agora somos...

Teimosas.

Não estou falando da teimosia do tipo fazer-alguma-coisa-só-por-birra da sua tia-avó. A nossa teimosia tem componentes políticos e espirituais. Nós não tememos mais a expulsão, a cadeia, o desemprego ou o deserdamento. Há, como escreveu Yeats, uma "terrível beleza" em se manter firme, e nós estamos bonitas, aqui, esta noite, com as nossas rugas suavizadas sob o brilho da luz de velas da vigília.

Reduzi as minhas crenças a poucas, preciosas e apaixonadas, e me apego com muita força a essas opiniões santificadas, com os dedos presos ao redor delas, como um filho desesperado agarrado à perna da mãe.

∼

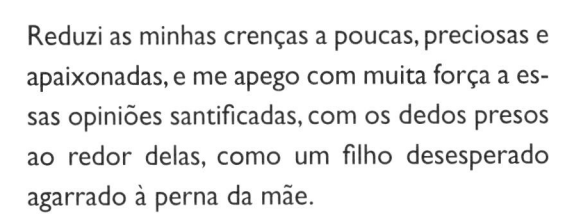

Quero ser alguém como Eleanor Roosevelt

Passei anos desejando que esses cabelos castanhos opacos
Hoje grisalhos ressecados cobertos de loiro
Fossem como o encantador prateado dela.
Que meu rosto comum fosse cheio de seu amor radiante.
Que meu comportamento tivesse seu decoro.
Acima de tudo desejei
Poder imitar sua sabedoria e seu ativismo
Para fazer diferença neste mundo.
– Willa

Com mais de 60, crescidas, e agora estamos...

Insones.

Que dor é essa no meu ouvido? Por que meu dedo está inchado? Acho que fui picada por aquela lacrainha nas alcachofras. Rápido! Procure os sintomas no Google. Pronto, vou morrer. Me ajude a limpar a casa. Não dá para fazer um velório nesta bagunça.

A "janela de sono" abre a cada noventa minutos. Levante, leia um livro, confira os e-mails, lave uma máquina de roupa, escreva um poema, jogue cartas on-line com aquele garoto da Nova Zelândia ou coma o resto da lasanha de espinafre. A insônia é o jeito que o nosso corpo encontra para nos dizer que há uma coisa melhor para fazer do que ficar ali deitada roncando – sim, você ronca.

Eu não durmo à noite. À noite, passo horas de deliciosa solidão. Durmo à tarde. Luz do dia em deterioração, este é o nome que dou às tardes.

– Louise

Com mais de 60, crescidas, e agora estamos...

Otimizando.

Não é curioso que, quanto mais dinheiro e mais bens a gente acumula para garantir o conforto do nosso fim de vida, cada vez mais lembramos daqueles dias felizes em que não tínhamos nada além de dois pratos e uma chaleira amassada?

Nosso quintal foi palco de uma festa de casamento. Uma hora antes da cerimônia, eclodiu a histeria. Os balões vermelhos e brancos – pendurados num poste para alertar os convidados de que haviam chegado à nossa escondida entrada de carros – eram das *cores erradas*. As cores da noiva eram lavanda e prateado. *Isso estraga tudo.*

– Tirem os balões – eu disse. – Se algumas pessoas se perderem, bom, talvez é porque não *devam* estar aqui. – Tentei fazer uma expressão significativa, do tipo *Além da imaginação*.

Funcionou. A minha observação foi tão esquisita que os jovens se acalmaram, esqueceram-se dos balões e se casaram.

Não se pode discutir prioridades; elas precisam ser demonstradas.

Por que precisei chegar aos 60 anos para aprender o valor da simplificação? Agora, outra pessoa pode fazer a limpeza por mim – não preciso mais ter a casa perfeita e brilhando. O supermercado pode oferecer deliciosas refeições congeladas (ainda que com alto teor de gordura). A minha aparência? Um pouco de blush, rímel, batom e estou pronta. E as roupas! Jeans confortáveis, camisetas ou moletons, tênis Reebok ou sandálias Birkenstock. A vida é menos estressante e muito mais gostosa.
– Linda M.

Com mais de 60, crescidas, e agora estamos...

Altivas.

Exercícios, chocolate, risos e sexo: quatro deliciosas fontes de endorfina. Use duas delas e me ligue de manhã.

Levante os olhos. A sugestão é encontrada com tanta frequência na Bíblia que podemos nos perguntar se não pode ser, sei lá, *importante.* Levante os olhos. Não é só porque parece poético que não pode funcionar.

Minha filha pintou um pôster e o pendurou no quarto dela em frente à cama para que fosse a primeira coisa que ela visse quando acordasse de manhã. No pôster, um arco-íris encimava a frase "O céu é o limite". Ela morreu de câncer aos 16 anos. Mais tarde, quando tirei o pôster da parede, pensei em quantas vezes eu havia dito aquelas palavras. Agora, precisava acreditar nelas. Eu era mãe e instrutora do grupo de jovens. Virei administradora de uma firma de contabilidade (muito firme!) e depois, quando fiz 50 anos, abandonei a carreira para estudar – e dominar – fotografia criativa profissional. Com mais de 60, estou mais uma vez olhando para cima e para frente em direção ao desconhecido. O céu é o limite... desde que a gente não faça as coisas como sempre fez.
– Marlene

Com mais de 60, crescidas, e agora estamos...

Prensadas.

Notadamente, o declínio dos meus pais e o crescimento dos meus netos resultaram num inesperado ponto de conexão: todos parecem ter a mesma idade – e todos muito mais jovens do que eu. Eu sou a única conservadora.

Uma amiga estava falando sobre a mãe de 89 anos e a neta que ainda não havia feito três.

— A Katy está falando cada vez com mais clareza. A mamãe está cada vez mais difícil de se entender. A Katy está se vestindo sozinha. A mamãe precisa de ajuda para se arrumar. A Katy está deixando as fraldas. A mamãe está começando a usá-las. E as duas precisam de mim.

A única visão mais assustadora do que meu neto de 16 anos saindo de carro é observar meu pai de 90 estacionando.

— Corinne

Com mais de 60, crescidas, e agora estamos...

Rígidas.

No sentido de não mudar de ideia. Do tipo que pensa *Quem é essa gente, e o que eu estou fazendo aqui?* Antes, ficava de qualquer maneira porque queria que as pessoas gostassem de mim, mesmo se eu não gostasse delas. Essa neurose foi curada dormindo às nove da noite.

Eu exijo ser completamente envolvida. Meu nível de tolerância para a mediocridade e a chatice é perto de zero. Cada vez mais, quando eu ouço "Nossa, que perda de tempo", me dou conta de como temos pouco tempo para perder.

∽

E o que dizer de quando estou me sentindo simplesmente rígida? Acordo de manhã com o corpo congelado. Preciso ficar deitada e derreter. Quero ficar mais suave.

– Helaine

Com mais de 60, crescidas, e agora somos...

Seletivas.

A que nos prendemos? Do que vamos nos desprender? Outras mulheres, em outros tempos, lançaram pianos de cauda nas margens de rios caudalosos e abandonaram cômodas com tampos de mármore da base das Montanhas Rochosas. O que eu levo no meu coração que deveria ser abandonado nas pradarias do passado?

Quando uma querida amiga, gesticulando muito ao relembrar o fim de seu último romance, derrubou o cachorrinho de porcelana do meu bisavô da estante no chão, eu soube: estava na hora de o cachorro ir.

Compartilhar é a minha escolha. Compartilhar é o que me mantém esperando pelos 65, 70, 80 e 90. Quero compartilhar risadas, abraços (principalmente dos netos), bolos de chocolate, bons livros, e-mails engraçados. Quero compartilhar meus dias com os amigos e o meu marido, o amor da minha vida. Quero compartilhar aventuras, bons vinhos e cantorias.

– Suzannah

Com mais de 60, crescidas, e agora somos...

Esbeltas. Suaves. Experientes.

Ah, essas três palavras ameaçadoras, tão sofisticadas, tão sedutoras, tão convenientes num jogo de palavras cruzadas.

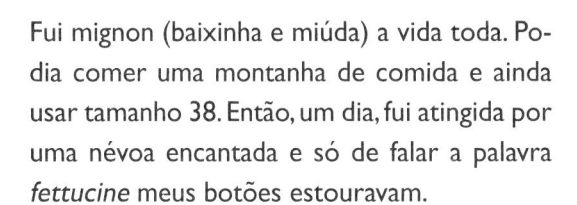

Fui mignon (baixinha e miúda) a vida toda. Podia comer uma montanha de comida e ainda usar tamanho 38. Então, um dia, fui atingida por uma névoa encantada e só de falar a palavra *fettucine* meus botões estouravam.

Magrinha. É o que eu quero ser. A noite em que eu for ao encontro semanal dos Vigilantes do Peso sem fantasiar sobre a minha próxima refeição será um evento a ser comemorado. É claro que comemorar significará mandar bala num pedação de cheesecake e uma barra de chocolate branco. Ou que tal um pedaço de cheesecake de chocolate branco com uma coca diet com limão? Ah, puxa. Eu vou poder pensar em ser magrinha aos 70.

– Lynette

C*om mais de 60, crescidas, e agora somos...*

Explosivas.

Abri a boca para fazer algumas observações desimportantes e deixei sair uma grosseria – uma frase feia, cruel e gratuita, que saltou para o éter. Disquei 911.

– Estou com uma emergência – eu disse. – A minha alma foi invadida por uma velha má.

Ela ainda está lá, reclamando, guardando as compras e resmungando ameaças em voz baixa. Posso ouvi-la transformando uma preocupação – "Como ele está?" – num tom de condenação. – "Estava na cara que isso ia acontecer."

∽

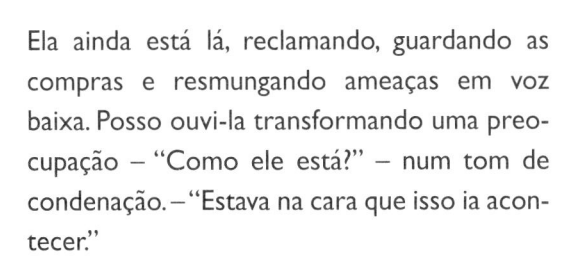

Eu ainda não sei quando fechar a boca. Muito frequentemente me flagro atolada nela. O meu objetivo para os 60 anos? Ver o caminhão passando pela rua antes de me atirar verbalmente na frente dele.

– Carly

Com mais de 60, crescidas, e agora estamos...

Autoconfiantes.

Há uns dois anos, tive um sonho muito real com a minha falecida tia. Falei sobre ele com a minha mãe.

– Ela estava me dando instruções sobre como manter o jardim – contei. – Ela não parecia entender que tinha morrido.

– Os mortos nunca sabem – disse a minha mãe. Ela estava dobrando roupas e não alterou em nada o ritmo do trabalho. – Eles estão sempre me dizendo o que fazer: as minhas irmãs, a minha mãe, o meu pai, o seu pai. Eu não dou a mínima para o que dizem. Estão todos mortos. O que é que eles sabem?

Eu realmente preciso percorrer quilômetros antes de dormir. Fantasmas mandões e exigentes? Só há pouco tempo consegui desenvolver autoconfiança suficiente para lidar com os vivos.

∼

Sempre cuidei do que todo mundo falava. Ouvia atentamente e cuidava da minha linguagem corporal. Eu me concentrava nas minhas respostas para que o interlocutor, fosse ele um amigo, um parente ou um cliente, sentisse a minha aceitação, a inexistência de julgamento. Em eventos sociais, eu me preocupava com que todos se divertissem. Acreditava que garantir isso fosse responsabilidade minha. Não é de se espantar que estivesse sempre ansiosa, exausta, sem conseguir aproveitar a vida.

Finalmente, eu sei o que precisa ser feito e que o conhecimento vem naturalmente. Eu me relaciono com o mundo exatamente como sou, como eu mesma.

– Giuliana

Com mais de 60, crescidas, e agora estamos...

Grisalhas.

Sábias, maduras – ah, quantas são as metáforas existentes para a mudança da cor dos nossos cabelos. Como Shakespeare poderia ter escrito: "Creio que vós criais eufemismos deveras".

Nada é preto e branco. Precisamos aprender a nos sentirmos confortáveis tomando decisões numa vasta área cinza – grande parte da qual está na nossa cabeça.

Espetacularmente prateada, isso seria elegante. Em vez disso, meus cabelos castanhos escuros parecem água de inundação repleta de pedaços cinzentos de madeira flutuante.

– Heidi

Com mais de 60, crescidas, e agora estamos...

Desanimadas.

Antes éramos a alegria das festas. Nossas histórias eram as mais engraçadas, as mais divertidas, as mais impressionantes. Hoje, contamos as nossas histórias com textos, músicas, pinturas, fotografias. Com uma certa relutância, cedemos o palco para os jovens, que estão vivendo novas histórias e as contando, maravilhosamente, como confissão, tranquilização e afirmação. Da mesma forma que nós fizemos.

Mantenho minha dignidade apenas em eventos públicos. Nosso grupo de mulheres, rindo alto e gritando despreocupadamente, não pode mais fazer "jantarzinhos" em restaurantes – somos barulhentas demais. Alguma de nós precisa oferecer a casa. Alguma de nós precisa nos amar o bastante para fazer a faxina depois.

Tenho medo de ser a palhaça, a que fala sem parar, sem notar olhares vidrados de tédio ou escutar o tilintar das chaves no bolso de alguém. Lembro-me claramente das pessoas mais velhas que se comportavam assim quando éramos jovens e estremeço ao pensar que posso ter me tornado uma delas.

– Marianne

Com mais de 60, crescidas, e agora somos...

Galetinhos.

Quando a minha mãe tinha apenas 89 anos, costumava dizer "Queria ser jovem de novo". Um dia, afinal, perguntei:

– O que você quer dizer com "jovem"? Que idade você gostaria de ter?

– Sessenta – ela disse.

– Sessenta! – repeti. – O que os sessenta têm de tão bom?

– Os sessenta anos foram maravilhosos – ela disse. – Vocês tinham saído de casa, nós tínhamos mais dinheiro para gastar, estávamos com saúde, não precisávamos mais trabalhar tanto e tínhamos muitos amigos. Foram os melhores anos das nossas vidas.

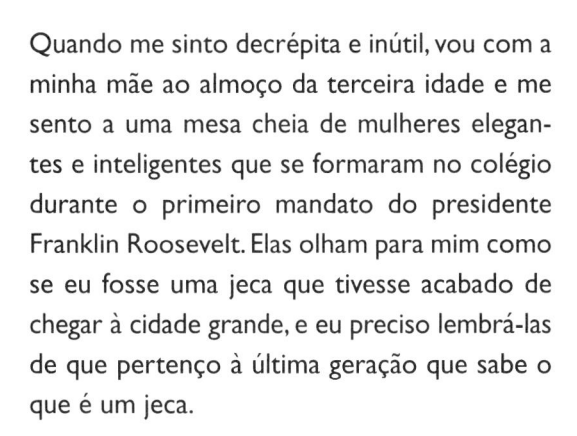

Quando me sinto decrépita e inútil, vou com a minha mãe ao almoço da terceira idade e me sento a uma mesa cheia de mulheres elegantes e inteligentes que se formaram no colégio durante o primeiro mandato do presidente Franklin Roosevelt. Elas olham para mim como se eu fosse uma jeca que tivesse acabado de chegar à cidade grande, e eu preciso lembrá-las de que pertenço à última geração que sabe o que é um jeca.

Dois anos antes de morrer, minha mãe disse que não queria ser mãe de duas velhas e ofereceu 18 mil dólares para cada uma de nós fazer um lifting facial. Minha irmã teve medo da anestesia geral. Eu aceitei o dinheiro. Assim, pelo menos quando estou ao lado da minha irmã, sou um galetinho.

– Patty

Com mais de 60, crescidas, e agora somos...

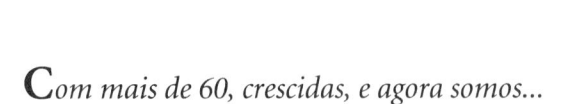

Robustas.

"*De constituição física muito forte*", diz o dicionário, seguido por "*resistente, potente, vigoroso.*" Eu tenho escolha? Se for tudo ou nada, fico com o pacote todo. Vou concordar em ter um traseiro amplo, desde que isso seja desejável.

Mulheres valentes, "cheias de força e vontade", abundam na história. Eis um relato de um evento beneficente em Yampa, no Colorado: "Essas 23 mulheres fortes encararam a tarefa hercúlea de transformar [um prédio velho] numa biblioteca. Elas... arrecadaram fundos promovendo bailes e rifando baús de madeira cheios de trabalhos manuais feitos por elas mesmas..." De eventos beneficentes de gala no Waldorf a jantares informais no Grange Hall, nós não fizemos tudo isso na semana passada? Ainda assim, as vozes masculinas de revivals de operetas, interpretando canções com letras de Oscar Hammerstein, pedem apenas "*homens valentes*". Acho que sabem como há carência deles.

∼

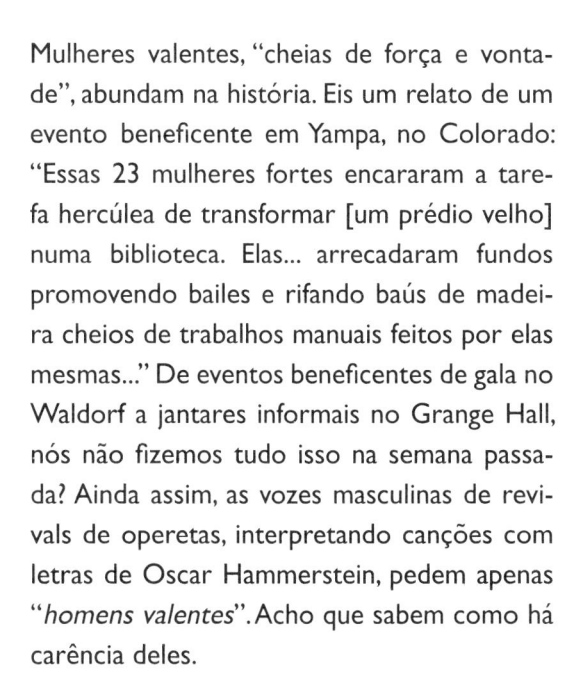

Eu quero ser vigorosa. Quero pernas que me levarão em viagens a pontos interessantes, costas que não se cansarão quando eu trabalhar no jardim, mas que ainda consigam tocar piano, e um coração que seguirá num passo regular durante um longo tempo. Quero continuar fazendo todas as coisas que exigem que eu seja vigorosa.

– *Jeannie*

Com mais de 60, crescidas, e agora estamos...

Seguras.

Nós, meninas do pós-Segunda Guerra, pegamos o ingresso da montanha-russa. Entramos na maioridade fazendo o que queríamos, sendo bacanas, protestando, nos divertindo. Fomos as mulheres simbólicas, subimos a hierarquia corporativa, nos tornamos sócias, nos viramos, investimos, nos divorciamos, moramos junto, adotamos, reformamos, nos transferimos e nos recuperamos. A estrada ainda não terminou... mas agora estamos com cinto de segurança.

Segurança não é ausência de perigo; segurança é o gerenciamento do medo.

∼

Moro num ponto remoto do país, onde um rio selvagem encontra o mar. Eu me casei – tarde – com o homem mais maravilhoso do mundo e adoro estar aqui, neste lugar aconchegante, com os nossos bichos de estimação e o nosso jardim, olhando para as coisas malucas que eu fiz quando era jovem, grata por nunca mais fazê-las de novo, grata por ter sobrevivido.

– Nancy

C*om mais de 60, crescidas, e agora somos...*

Egoístas.

Que conceito assustador. Ressuscita a ansiedade adolescente com toda a sua glória desengonçada e ainda tememos as críticas. *Você é a pessoa mais egoísta do mundo.* Com frequência, essa acusação se referia a fugir de uma cozinha cheia de louça suja ou a querer um novo vestido de baile. *Não era justo.* Mas agora é justa! Eu vou sim ao cinema sozinha, sem convidar ninguém, ainda que seja capaz de pensar em pelo menos três pessoas que estão sozinhas e tristes, e eu deveria convidá-las, mas não convido, porque quero ver o que quero ver, pensar o que quero pensar e chafurdar num saco de pipoca encharcada de manteiga artificial sem ter que me desculpar por isso.

Minha tia acreditava que eu devia poder fazer o que quisesse quando quisesse.

– Pobre ovelhinha – dizia, enquanto me observava fazendo um trabalho de escola. – Você não deveria ter de trabalhar tanto.

Seu sussurro atravessa os anos e me afaga quando estou me aproximando de um deadline, limpando o banheiro ou cozinhando a terceira refeição em seis horas para um bando de dez pessoas. "Você não deveria ter de servir toda essa gente. Pobre ovelhinha."

Tenho sido uma samaritana crônica. Os 60 anos prometem liberdade... e qual é a liberdade que eu mais desejo? Ser obstinada e audaciosamente egoísta, ainda que apenas durante algumas horas por mês. Eu fiz por merecer.

– Sara

Com mais de 60, crescidas, e agora somos...

Brigonas.

O que é isso? Aumento de testosterona? Chega de percorrer quilômetros ao redor de montanhas – metafórica ou literalmente – para evitar um confronto. Estou quase chegando ao ponto de empurrar todo o meu metro e sessenta contra um estranho corpulento e dizer:

– O que tu tá olhando, mané?

Orientadores de carreira nos alertaram para sermos "assertivas, não agressivas". É um bom conselho para uma mulher de 30 anos. Ridículo aos 60. Se não aproveitarmos o momento – e o poder –, o planeta está condenado.

∼

Estou desistindo da minha crença infantil no conselho do Coelho Tambor: "Se não for dizer algo bom sobre alguém, é melhor ficar em silêncio". Hoje, meu sábio é o Dr. Seuss.* Foi ele quem escreveu: "Agora meus problemas vão ter problemas comigo".

– Susan F.

---

* Theodor Seuss Geisel (1904-1991) foi um escritor e cartunista norte-americano. Publicou mais de sessenta livros infantis. (N.E.)

Com mais de 60, crescidas, e agora somos...

Proprietárias exclusivas.

A raiz da palavra aposentadoria em inglês – *retirement* – é "retirar". Se o assunto é dinheiro, *retirar* é a minha palavra preferida. De outra forma, pode esquecer. Já me retirei nas reuniões dançantes dos tempos de colégio, quando ficava sentada, tímida e sozinha, encostada na parede. Agora eu vou dançar, com ou sem alguém me convidando.

Em nossas segundas – e terceiras e quartas – carreiras, o sucesso é medido em proporções iguais de dinheiro, estresse e prazer.

∽

Depois de cumprir com dedicação os papéis de filha, esposa e mãe, estou focada em realizar meu sonho: produzir comercialmente alimentos baseados em receitas familiares guardadas há muito tempo. Eu me tornei decidida.

– Pam

Com mais de 60, crescidas, e agora somos...

Solteiras.

Não planejamos as coisas assim – ou talvez tenhamos planejado. Talvez um dia tenhamos parado de procurar, ou parado de esperar, e tenhamos nos dado conta de que, embora fosse ser reconfortante ter alguém a quem abraçar, era igualmente reconfortante deixar a luz acesa até o último capítulo, ouvir Joe Cocker no último volume pela casa ou partir para Londres sem mais nem menos.

Algumas de nós são tão difíceis que não conseguimos nem mesmo manter dupla personalidade.

∽

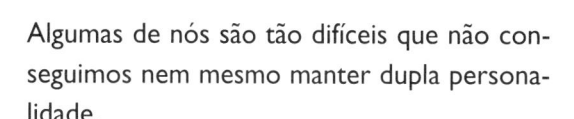

Eu gosto de homens. Gosto de andar com eles. E não tenho problema em assumir compromissos. Mas sou uma retardatária, agora divorciada, e estou apenas começando a conhecer a mim mesma. Passei muitos anos tentando agradar aos homens. O tempo do matrimônio terminou. Dois casamentos de 15 anos precisam ser o bastante.

– Sue

C*om mais de 60, crescidas, e agora somos...*

Importantes.

Conforme nossas experiências amadurecem no caldeirão das nossas filosofias, nossas ações se tornam singulares. Somos mulheres de valor.

Não tem certeza se você é importante? Abra o envelope que berra: "Talvez você já tenha vencido!" Dentro dele, vai encontrar um bilhete de uma jovem que diz: "Quero ser você quando envelhecer". Nós somos os modelos. O problema é que acreditamos secretamente que ainda temos a idade das nossas pupilas.

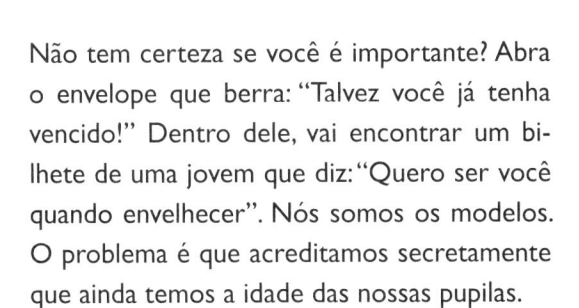

∼

Pessoas mais velhas costumam ser desconsideradas pelos jovens. Pretendo que a minha presença seja forte e essencial. Eu não vou ser considerada insignificante.

— Bonnie

Com mais de 60, crescidas, e agora estamos...

Sóbrias.

Alguém disse "Se é bom, faça" no exato instante em que era isso o que queríamos ouvir, e algumas pessoas continuaram fazendo, até muito depois de ter deixado de ser bom. Aos 60 anos, o chamado à recuperação pode ser o último trem para a salvação.

Todas nós podemos ver escuridão do outro lado de um vidro. Mas não precisa ser pelo fundo de um copo.

∼

Tomei meu último gole em 1981, logo depois do meu aniversário de 40 anos. Tinha ido à festa de despedida de uma mulher cuja viagem vindoura eu invejava. Fui embora e dormi com um homem que mal conhecia e de quem nem gostava. A conhecida espiral descendente: uma sensação ruim, bebida para fazer desaparecer, autodesprezo, autodestruição, mais autodesprezo. A vida "com as luzes acesas" desses últimos 24 anos foi doce e emocionante, triste e chata – muitas coisas, mas sempre clara. Não há névoa na minha mente, no meu cérebro, no meu coração. É claro que coisas ruins acontecem, mas eu normalmente consigo dar conta delas. E quando não consigo... bom, sempre tem M&M's de amendoim.

– E.

Com mais de 60, crescidas, e agora...

Fazemos serigrafia.

Fazemos pintura, fotografia. Darlene está escrevendo e ilustrando um livro infantil. Michelle está formulando cosméticos orgânicos. Fran está vendendo seus saborosos molhos. Temos novas ideias para nos expressar e uma nova urgência para que as nossas formas de expressão sobrevivam.

Ganhei uma enorme fita roxa em que se lia EXPOSITOR DO ANO: FEIRA DO CONDADO DE HUMBOLDT. Ela está pendurada na parede da minha cozinha. A fita representa punhados de fitas azuis e vermelhas menores que recebi por fotografias, conservas e arranjos de flores. Também representa uma afirmação bem-vinda. Sim, ela anuncia que é possível dominar novas habilidades, é possível continuar explorando criativamente a abundância da Terra.

∽

No meu aniversário de 59 anos, dei uma festa do tipo "o último será o primeiro" – sendo o "último" para o último ano da minha sexta década e o "primeiro" para a minha primeira mostra de arte. Eu havia passado o verão pintando – 21 quadros num único verão! Agora, as pessoas compram o meu trabalho – estou comemorando com vendas. Eu estava amarga e cansada. Escrever e ensinar a escrever haviam começado a perder o vigor. Recentemente, comecei a fazer um jornal sobre arte. Pintar renovou a escritora que havia dentro de mim.

– Patricia

Com mais de 60, crescidas, e agora somos...

Bobas.

No supermercado, fiz caretas para o bebê pendurado no ombro da mãe. Ele riu e fez uma careta para mim. Eu ri. A mãe se virou e sorriu. Eu sorri.

— Que menino bonitinho — eu disse, com o rosto recomposto, com uma máscara de senhora digna. Quando os dois se afastavam, ele me lançou outra expressão conspiratória. Amigos secretos na terra dos bobos.

Quando crianças, fomos ensinadas a não ser "meninas bobas". O recado dos adultos era que ser boba era o terrível oposto da seriedade e, se queríamos ser mulheres respeitadas, tínhamos de aprender a ser sérias. Em retrospecto, acho que queriam dizer chatas.

∽

Estou adorando a minha segunda infância. Ao contrário do tempo em que estava criando meus três filhos, eu sou completamente desinibida com os meus netos – não dou a mínima para o quanto posso parecer boba, dançando e cantando no meio da sala "Motorista, motorista, olha o poste, olha o poste".

– *Barbara*

Com mais de 60, crescidas, e agora estamos...

Cantando.

— Você canta? – perguntei ao meu marido, John, quando estávamos começando a namorar.

– Só no coração – ele respondeu.

Uma fala encantadora, mas que acabou se mostrando falsa. Ele canta no chuveiro, pela casa toda, no jardim e, com entusiasmo, na igreja. Foi onde aprendi a incrível e poderosa intimidade de ficar juntos, lado a lado, cantando, não com grandes vozes, mas com grande sentimento.

Não existem letras mais bonitas do que as histórias dentro da nossa alma e música mais tocante do que aquela que as liberta.

~

Eu nasci em Toyshan, no Cantão, na China, durante a Segunda Guerra Mundial. Meu pai saiu da China e foi para os Estados Unidos. Minha mãe ficou conosco até que, por causa de toda a tortura da Revolução Cultural Comunista, desapareceu. Fomos crianças abandonadas durante um ano. Eu era a mais velha. Tinha seis anos de idade. Cuidei dos meus dois irmãos até que um dia uma vizinha nos ajudou a fugir para Hong Kong. Lá, encontramos a nossa mãe. Dezenove anos depois, imigramos para os Estados Unidos, para São Francisco. Minha infância foi cheia de medo. Agora, estou livre do medo. Não me importo mais com o que as pessoas pensam, porque fiz por merecer as minhas escolhas. Não vou discutir com ninguém, porque aprendi que todos precisamos seguir nosso próprio caminho de aprendizado. Agora estou cantando com todo o meu coração, louvando a Deus e celebrando o enriquecimento dos anos – bons e maus – que vivi.

– Eva

Com mais de 60, crescidas, e agora somos...

Otimistas.

Não é a morte que me assusta. O que me assusta é outra pessoa escrevendo o meu obituário.

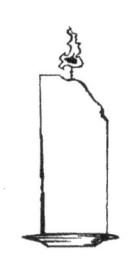

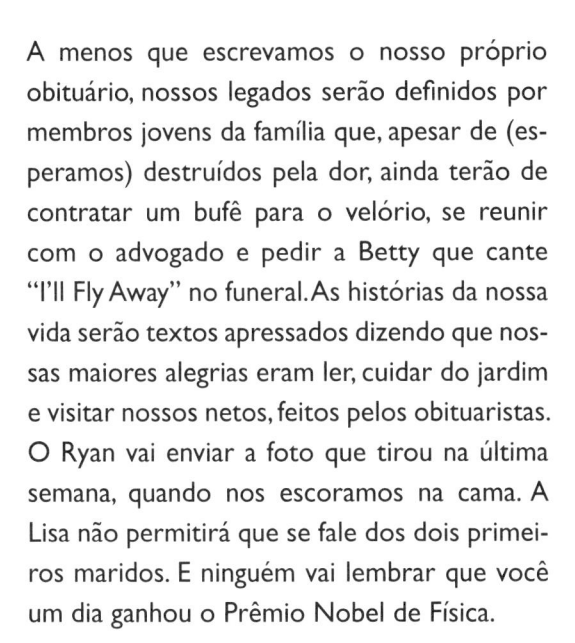

A menos que escrevamos o nosso próprio obituário, nossos legados serão definidos por membros jovens da família que, apesar de (esperamos) destruídos pela dor, ainda terão de contratar um bufê para o velório, se reunir com o advogado e pedir a Betty que cante "I'll Fly Away" no funeral. As histórias da nossa vida serão textos apressados dizendo que nossas maiores alegrias eram ler, cuidar do jardim e visitar nossos netos, feitos pelos obituaristas. O Ryan vai enviar a foto que tirou na última semana, quando nos escoramos na cama. A Lisa não permitirá que se fale dos dois primeiros maridos. E ninguém vai lembrar que você um dia ganhou o Prêmio Nobel de Física.

Não me importo com o que vão dizer sobre mim depois que eu morrer. A não ser sobre você-sabe-o-quê. E aquela semana em Wilkes Barre. Também não vou querer que ninguém lembre daquela história da escola. Ah, e não tem por que incluir a história do policial no Corpus Christi, ninguém quer ler esse tipo de coisa. A não ser por isso, não me importo com o que digam. Mas achei esta foto de 1978. Bem bonitinha, não acha? A não ser por isso...

– W.R.C

IMPRESSÃO:

Pallotti
GRÁFICA EDITORA
IMAGEM DE QUALIDADE

Santa Maria - RS - Fone/Fax: (55) 3220.4500
www.pallotti.com.br